만인시인선 · 25

지금은 3시

조행자 시집

지금은 3시

만인사

자서

너무 오래 적조했다.
내 詩와의 조우도 그랬다.
관심에서 무관심으로 흘러왔던 나날들,
詩人이란 굴레를 벗어던지고,
더 자유로운 영혼여행을 하고 싶었지만
그 속에도 두려움은 있었다.
또 이렇게 펜을 움직여야 할
까닭이 있었기에.

차 례

차 례

2

3

차 례

차 례

1

물방울집

동그란 마음들이 모여 사는 집
굿 모닝의 무늬들이
수 많은 아침해를 떠메고 다니며
안녕 안녕 인사를 보낸다
차가운 눈빛도 다정히 치료되고
슬픔도 건드리면 기쁨으로 화해되는,
풋, 세워진 그대의 식탁에서
아이 참! 옷 벗겨진 새우요리가 미안해
어쩔 줄 몰라하는 그대의 집

전언적

나의 판단에 동의할 어린 神이여
너랑 놀겠다 낄낄 웃으며 너랑 놀겠다
어른의 부끄러움이 구름같은 그늘에서
아하! 하고 기지개를 펴도
부끄러움의 증거를 대답하지 않아도 된다면
구름이여 네 종처럼 잘 참으며
둥둥 떠다니는 떠돌이가 되어도
무게를 단 난 괜찮을 것 같다
그날 어린 神이여 무슨 소용을 꺼내더라도
깔깔 장난질치며 잘 해낸
너의 신기함은 누구로부터의 축복이더냐
나쁘게 홀린 늙은 神의 가소로움에 걸려들지 않게
어른들의 언덕을 나직히 지나
순수가 화창히 꽃핀 평화로운 곳으로
어린 神이여 너랑 함께 가겠다
낄낄 웃으며 너랑 함께 가겠다

회상적

우수 지나 다시 또 봄
샛강물 새로 돋아난 햇살에 섞여
묵은 세상 버리고 달음질쳤네
꽁꽁 얼었던 많고 많은
세상의 말씀들 다 녹아
졸졸졸 하는 소리는
"자야 자야" 함께 놀자 하는 것 같네
어린 시절 샛강엔
피래미 붕어 버들치 유유히 놀았네
맑은 바람이 내 옆구리 돌아 푸른 오솔길로
빠져 달아나던 텅빈 대낮이면
순이 철이 코딱지 얼굴들
조용히 물 위에 떠올랐네
이제 영영 볼 수 없게 흐려진 샛강물
졸졸졸 하는 그 소리
"자야 자야" 함께 놀자 하는 것 같네

절대적

— 나의 하느님

고독을 피했다/그러나 고독은/날카로운 이빨을 세우고/나를 할켰다/피를 흘렸다/보이지 않는 피/너무 가까이 밀착된/그 피의 보이지 않는 연유를/아무도 묻지 않았다/내가 잠들기 전에 일치된 그 길을/ 그 피의 보이지 않는 이유를/아무도 묻지 않은 것처럼/내게 생략되어 있었다/누구도 생략의 의미를 묻지말라/어느 곳에서건 쉽게 돋아 있는 기적을/얕은 생각 속에서 추수하지 못해/내다버린 더 많은 기적들을/저 달팽이에게서/자라나는 삶의 지혜/보잘 것 없는/아주 보잘 것 없는 씨앗 하나가/우리의 영혼을 푸르게 덮어/생명의 이불이 되어주는/수많은 행적을 순종할 때/나를 할퀸 날카로운 이빨/고독의 핏자국도 없는/오직 그대에게 생략되었음의/그 연유를 나에게 묻지말라/궁금해 하기엔/내 영혼의 빈 공간이/아직 너무 많이 충분하기에

경이적
— 다모아꽃집

가까이 가 본 다모아꽃집에는 地上의 많은 꽃들이 다 모여 한 폭 화려한 풍경이었습니다 갖가지 꽃들이 저마다 화사히 웃고 있는 꽃집에서 가장 아름다운 꽃송이를 꺾어가기 위해 들어선 내 감각의 박동에선 쿵쿵 울리는 소리가 들렸습니다 후리지아꽃 옷을 입고 서 있는 그녀의 이름은 〈후리쟈〉라고 대답했습니다 아, 후리쟈 후리쟈 참으로 아름다운 이름이군요 후레아치마를 재빠르게 팔랑이며 그녀는 여기 저기 꽃 향기를 점검해 가는 중이었습니다 오, 좋은 땅에 심어진 후리쟈 후리쟈에게서 스며나온 즐거운 향기에 나의 피는 놀란 듯 멈칫거렸습니다 다모아꽃집에는 地上의 모든 꽃들이 다 모여 있지만 후리쟈 후리쟈란 이름의 꽃이 가장 아름다웠습니다

지금은 3시

지금은 3시, 2시를 밟고 이제 왔어요 많이 기다리셨나요 조금은 빨랐죠 피가 조금 부서지고 분홍빛 커텐 여닫는 소리가 들렸지만 아무도 눈치채지 못했지요 그땐 포개진 꽃잎이 몇 개인가를 구체적으로 설명할 수 없었지요 이제보니 다섯 잎이네요 지상의 모든 발들이 2시를 밟고 3시에 당도하는 동안 얼마나 많은, 엄청나게 중대한 사건들이 일어나고 얼마나 많은 흥분과 싸움과 굴종이 세계를 밀고 갔을까요 무거워요 너무 무거워요

내가 3시에 당도했을 때 세계는 2시, 그리고 억만분의 1초쯤 진행됐을까요 억만분의 1초가 밀고 간 힘찬 새벽은 수억년의 밤을 죽이고 또 죽여 갔지만 아무도 새벽의 손목에 수갑을 채우진 않았어요 떨어진 죽음과 타오르는 탄생, 그것은 얼마나 열정적인 포옹으로 잉태된 기적인가요 나는 오늘 떨어져간 밤의 냉기에 황촉을 꽂고 뜨겁게 죽음을 축복할까해요 새벽의 손목에 채워진 금빛 수갑, 시간의 감옥으로 끌려가는 형벌을

사랑할까 해요

아, 저기 보이죠. 지상에 없는 이상한 나라, 청소부도 할일 없는 곳, 아름다운 축사에서 들려오는 성종소리와 짐승들의 향기로운 울음들

쉿, 들려요. 지금은 3시

그 날 밤의 흰달

깊은 공중 빈터의 어둠을 걷고, 응시의 빛을 끌어 모우는 그대는 그렇게 왔습니다 하루 이틀 사흘…… 밤낮을 지나오면서 만삭을 오르기 위해 스스로의 몸가짐을 허물어뜨리는 모순을 기다리며 왔습니다 묵묵히 세상을 재는 사물들과 나무의 작은 이파리들은 스스로 심지를 낮추고 침묵하는 맛에 길들여져 나 한 개 부스럭거리는 소리조차 靜 밖으로 나직히 밀어냈습니다 그러나 그대는 그것을 즐겁게 이해하며 내게 은밀한 눈빛을 가득 부어 주었습니다 어두운 대기의 여왕 같이 우아했던 가등이 그대의 은은한 포위에 초라해진 까닭은 마을 전체를 차별 없이 어루만진 부드러운 손길 때문이었습니다 그날 밤 그대와는 너무 먼 사람들의 얼굴을 떠올리며 나는 한참동안 고개 끄떡이는 몸짓으로 서 있었습니다

추상적

기다렸었지 비구름으로 가득 찬 너의 무거운 창 틈으로 흐린 날의 회색빛은 들어가 명상의 빵 만들기에 이스트가 되어주고, 오랫동안 너의 즐거운 감정이 더 가까이 다가와 바라보는 것으로도 내 심정은 그쯤에서 머물며 너의 자신감 있는 접시마다 사색과 공상과 먹기 좋게 적당히 잘려진 명상이 담겨지길 기다렸었지 내 언제 너의 집 식탁에 초대되어 직각으로 앉으면, 없어진 것도 모를 사색 한 접시와 명상 반쪽만 먹고 조용히 떠날 것이니 떠난 후에도 얼룩이 생기지 않은 접시로 더 많은 친구를 초대하렴 내 돌아가는 밤길, 겨울의 가지런한 질서에 걸려있는 하이얀 쟁반달에 따끈한 야채 수프 몇 국자 보내 줄 수 있으니

사실적

햇살 부릅뜬 7월 한낮, 등나무 그늘은 깊었습니다 푸른 이마 상큼히 젖어 있는 그늘에서 낮고 고운 말소리가 햇빛 깨진 틈으로 새어 나왔습니다 낮고 고운 말소리는 한때 다정했던 옛시절의 나를 끌고 2층 강의실 복도로 들어가자 했습니다 古典의 창틀은 꽉꽉 닫혀 쉬임없이 퍼널었던 청춘의 수선들은 한발짝도 들어오지 못하고 창틀에 매달린 채 끊임없이 "자야"를 외쳐 댔습니다 "자야" 한 번 부르면 일제히 과녁에다 시선을 쏘았던 옛 시절의 강의실, 수 십명 자야는 불길한 역사의 등줄기 같이 꼬인 채 힘센 고난을 가지쳐 왔습니다 나는 자야인 것도, 아닌 것도 같은 심정으로 자야를 빠져나와 등나무 깊은 그늘에 등을 기댔습니다.

기억 여밀수록 바람 뒤엉켜 사납게 울던 날들, 면면 눈보라 스쳐간 자리마다 부끄러운 역사가 눈 부릅뜬 햇살의 대낮에게 못나간다 버팁니다 이해 깊은 어떤 말도 소용없는, 영토의 한 귀퉁이 넉넉히 드러누운 등나무 그늘에서 흘러간 세월 꼿꼿이 세워두고 조용조용 불러보는 "자야, 자야"

불타버린 산

나에게 다가오는 것, 더 확실하게 두려웠던 것은 죽은 짐승의 두꺼운 암흑이 산의 어깨에 망토처럼 걸쳐져 있다는 것이었지요 깜짝 놀란 바람도 가까이 가기를 두려워했지만, 달빛은 짐승의 창백한 뼈를 끌어내 능선 이곳 저곳에 던져 놓았지요 두려웠어요 가까이 볼수록 내 심장의 피가 끌려나올 것 같아 더욱 두려웠어요 철컥철컥 녹슨 철계단을 올라가는 듯한 바람소리가 들렸어요 귀를 막고 나에게 소용되는 모든 필요들을 불러 下山했어요 힘을 얻어 두려움에 정복되지 않으려고 식은 땀을 흘렸지요 죽은 짐승들이 일어나 기어오르는 푸른 숲을 보기 전의 모든 존재는 불꽃 속에 있어요 무서워요 검은 바다에 풍덩 빠질 것 같은 두꺼운 암흑이 무서워요

통화

눈이 없는 겨울 아침 너로부터의 전화였다

“아, 나야…… 좋아서 옆에 두고 간혹 간혹 읽고 있어.”
“응 그래. 어디야”

안부 속에 내가 건네 준 신간 속의 푸름들이 싱그럽게 건너왔다
너의 친근한, 차분한 음성에 내가 악수를 청했을 때
네 마른 손에선 따스함이 묻어났지만, 체온은
온통 목소리에만 묻어 있었다
나는 너의 음성을 감싸안으며 어깨를 다독였다
그러나 “바빠”하며 총총 수화기 밖으로 빠져나간
네 뒤를 젊은 날의 내 혼이 따라가고 있었다
흰 겨울, 첫눈
조용한 추억 위에 크고 작은 네 개의 발자국이
종. 종. 종. 종. 이어지고 있었다
깊고 차거웠던 새벽길, 네 개의 발자국은 어디론들

한 발짝도 옮겨지지 않고 옛날 그대로 그 자리에 자국지워 있었다
동갑나기의 친구, 훌륭한 너의 의미로부터
내 생의 무게와 깊이도 조금씩 더 빨라져야겠다

"응, 그래. 잘 있어. 이만 끊을께"

서정적

생명의 가지에 망설이는 봄,
봄, 봄아!
자유롭게 자유롭게 벗은 하늘의 유리를 뚫고
부드러운 햇살의 손을 잡으렴
깨끗한 네 발, 둥근 들판의 눈, 코, 입
건조한 입술에
아릿아릿 향기 날리며 내리는
봄비,
아! 봄비 같이

2

태고적
— 아, 옛집

가을의 끄트머리 깊고 차가워
무수히 나부끼던 이파리의 풍경들
다 떨어진 공중은 정지된 듯 하얗고
수억년 닳지 않은 햇덩이 마냥
그대로인 곳으로
창창히 들어서는 맨발의 겨울
허공을 밀고가는 바람무늬들
마른 잎 몇 개, 몇 개의 낟알
부실한 처마 밑에 쪼그려 앉아
열려 있는 문만 하염없이 바라보네
아, 옛집 속의 동화, 마법의 은지팡인 간 곳 없고,
푸실푸실 벽장의 먼지들 떨어진 자리
낟알 하나 새파랗게 살아 나와서
하늘자락 칭칭 휘감아 일어서는 옛집
안마당 담장 옆엔 빨간 산수유

절망적

— 그 날의 어두웠던

노을이 떨어지고 나는 폭 꼬구라졌다
어딘지 모를 미궁인 듯한, 강렬한 시간에
떠밀린 공허의 도시—뻥뻥 뚫린 구멍으로
꾸역꾸역 치밀어 오르는 검은 연기
녹슨 에스컬레이터 무거움을 끌며 올라가 본
오, 지난날 생각하기 좋았던 스카이라운지
벽면에 반사되어 깨어진 햇빛
유리상자 안의 다발꽃만 키들키들 웃고,
향기 죽은 꽃, 죽은 꽃들이 내뿜는 악취의
詩, 詩에 나는 폭 꼬구라졌다
캄캄한 언어의 무덤 안에
앙상히 뼈만 남는

모순적

반짝반짝 빛나는,
파랗게 잘 볶여진 몇 개의 은행알
그 졸깃졸깃한 맛을 떠올리는 것은 삶의 평화였고,
그렇고 그런 평화 속으로 급작스레 공습해 온
"유독성 함유"
죽음에의 대항과 옹호, 그 졸깃졸깃한 맛의
매력이 벌이는 치열한 싸움
당나귀를 타고 죽음 가까이, 더 가까이
짤막짤막하게 접근해 간다해도
안심하고 들어가는 습관처럼
대항과 옹호의 그 졸깃졸깃한 맛에 취한
그렇고 그런 삶 속의 평화, 평화 속의 삶

기억할 만한 저녁

아아, 이상도 하지
오늘 저녁 노을은 왜 푸른 빛의 몸부림으로
가득 차 있는가
가끔 가끔 찾아오는 이런 날의 내 생각은
풀리지 않는 수수께끼로 뒤엉켜
아무에게도 줄 수 없는 신비한 감각들이 불쑥불쑥
내 즐거움을 채워주곤 했다
—저것 봐 경쾌한 발걸음이 찍고 간 은비늘 구름더미
그 때 나는 야릇한 감동으로 흘러 넘쳤지만
내 옆에선, 놀라움 없이 더듬거리는 미소로만
생애를 밀고 갔다
미소와 감동 나 아니면 그들 중 보편적은 어느 쪽인가
내가 보편적이라면 나의 보편적을 믿지 않는
저들은 모두 죽은 자들인가
그러나 그들 모두 힘차게 휴식을 흔들며, 건강한
삶을 이끌어 간다면, 그렇지 내가 보편적이 아닐 수도
있지
섬광처럼 짧은 순간의 번뜩임, 내가 너의 목적이 된다해

도

나는 지금 저들의 보편적 미소를 내 生 속에 썩을 수는 없다

해지는 내일, 다시 보편적을 상식으로 챙겨 들고

집으로 돌아 갈 때

서걱이는 갈잎 기웃거리는 퇴근길 버스는, 습관적으로

어둠의 이마를 깨뜨리며 흘러간다

보편적인, 참으로 보편적인 차바퀴를

단정히 갈아 끼우고

말의 집들

시인이여 울자, 저 혼자 아름다운 것 너무 가득 차
죽은 말들이 홍수를 이루고, 홍수에 찔려 응고된
오! 피의 말들
그대 언제 똑바로 바라볼 하늘이 있어
하늘의 바닥까지 내려 갈 수 있다면
그 바닥에 엎데어 울자, 속 편하게 울자
지상의 말의 집들이 캄캄해지기 전에
불을 켜라 시인이여, 어둠 드리워 한나절
양지라도 밝힐 대문을 열고,
끊임없이 말을 버리고 내달리며 내달리며
죽은 말의 바다가 이 땅을 덮을 때
가득 찬 말들의 쓰러짐 언제 다시 일어나
쓰러짐의 길조차 일으킬 수 있을까
별이 뜨는 밤, 깨끗한 꿈조차 흐를 겨를 없다면
시인이여 울지 말자 차라리 울지 말자
석고처럼 굳은 말들 가벼이 풀어내
가장 높은 가지 끝에 미풍으로 남아서
몇 개 나뭇잎, 몇 개 웅크린 꽃의 노래 은밀히

孤寂이나 사랑하자
거기 새로운 희망의 정박 있어
불을 지피며 꿈을 펴내며

말에는 바퀴가 달려 있다

새벽 안개 속에서 갑자기 돌조각 두들기는 소리가
들렸다 긴박한 말, 말이었다
불빛 하나 끌지 않고 안개를 즐기며 달려온
말에 달린 바퀴? 바퀴라니?
바퀴 밑에서 비명이 들려왔다 일행은 더 깊숙이
안개에 빠진 비명을 건져내기 위해 잠시
낯선 모래벌판으로 내려섰다
외딴 강변, 모래벌판의 이름은 기억나지 않는다
언제인가 두어 번 산뜻한 차 바퀴를 갈아 끼우고
스쳐 지나 갔었다는 느낌만이 찢어진 내 바지주머니에 손을 찔러넣게 했다
찢어진 주머니 아래로 힘 없이 떨어지는
쓸쓸한 느낌표
그 부근으로부터 시간은 질척이며 지나갔다
겨울 아침은 희뿌연 표정을 벗어갔고, 비명의 탄력성은 서서히 죽어갔다
차거움만 창백하게 떠도는 공백, 수없이
쓰러진 안개, 안개더미들의 이곳 저곳을

휘적휘적 저어 보았으나 끝내 보이지 않는 비명,
어디로 빠져 나가 무사할까?
누구에게나 人生은 질주일 수 있음을 떠올릴 때마다
어떻게 놓여져 스스럼 없이 이 눈부신 겨울을
지나갈 수 있었을까
나는 줄 곧 그런 근심에 쌓였었다
기척 없이 빠져나간 밤 허물 같은 근심을 끌어내
모래벌판에 파묻고 가벼이 떠나려 할 때
일행 중 한 사람이 바삐바삐 다가와
한참 동안의 내 궁금증을 뒤엎었다

"걱정 말아요 선생, 비명은 벌써 저 마을로 내려가 보드랍고 따뜻함을 그의 무릎 위에 올려놓고 상처를 깁고 있데요."

아아 내 안심 속으로 뛰어든 그의 말에 달린
바퀴는 빠르지 못했다
그러나 그러나, 한 生의 어둠을 지움에

그게 무슨 상관이랴
모든 평등한 삶의 발등이 말에 찍혀
비명 들을 수 없는 고요로 세상이 물들 수 있다면
말도 나이를 먹을수록 좋지 않으랴
천천히 천천히 더 천천히
오늘 내가 말의 바퀴를 굴리지 못하는 까닭은
너무 많이 말의 날카로운 바퀴를 굴려왔기 때문이다

달려온 세월만큼 떠내려간 새벽들,
간혹 간혹 들려왔던 비명들,
세상은 누굴 위해서도 구르는 바퀴를
늦추지 않는다
다만 그렇게 우리 스스로 말에 달린
바퀴를 조심조심 굴려야 할 뿐이다

불면의 밤

텅빈 방 안에
마른 안개꽃 다발이 걸려 있다
세모의 벽에 무심히 갇혀서도
스물스물 그해 가을 속으로 기어다니는
네 자존은 이미 잘 뒤틀려 있다
고전의 속삭임은
투명한 찻잔 속에서 빛났었지만
관심 밖으로 흘러간 타인의 꽃
부르지 않아도
성큼 다가올 봄의 삽질로
불현듯 일으켜 세우고픈 눈부신 뜰
불면의 밤마다
짧게 떨어지는
영혼의 부 · 스 · 러 · 기

내 집착의 自作나무여

자작나무엔 벌써 차갑고 무거운 예감이 섞여 들었다
창문마다 매달린 구름이, 한걸음도 옮겨 다닐 수 없는 것을 보면

첫겨울, 첫눈, 첫마음의 시선을 자작나무에 걸어두고 있는
내 저문 날의 넋이 측은 할 때
신은 돌아와 있어도 헛된 집착 묻어둠을 힐책하지 않았다
멀리 머물수록 떠내려 보내지 못함의 집착이 후회를 빚듯
내 생애가 캄캄한 고통에 더 가까이 앉아 있어
그러나 마음 한자락 흐트러짐 없음을 어쩌겠느냐
이 밤 너는 나보다 친숙한 회색 블라인드를 부드럽게 내리고
건전하게 앉아 있던 정면의 책상을 정리하고
마음도 다 꺼버리고
아무런 느낌 감정도 없이 훌쩍 가버리지 않겠느냐

내 언제 홀로 잠깬 쓸쓸함의 멜빵 내리려
깊고 차거운 자작나무 둥근 숲에 당도했을 때
네 책상 위엔 이미 가득 찬 작업을 쌓아놓고
내 다정히 끌고다닐 눈빛 하나 건네주지 않은 채
싸늘한 空房만 손 내밀지 않았느냐
이제 되돌아 가기 전 소중히 저장된 옛날이나 꺼내놓고
이 시대의 건조한 정신을 꾸짖지 않으련
젖어 출렁거림의 마음, 고정시키려 애쓴 흔적을 기억하며
때로는 잘난 사람들이 쉽게도 만들어놓은
수 많은 천국, 엇갈린 말의 천국에 심심히 떠다니는
별과 달, 구름을 보며
킬킬 웃어주자 웃어주자 작정하며 어깨 나란히
들길을 걸었잖니
오, 내 집착의 자작나무여 잘 있어라
누구에게나 과거는 시간을 앞질러 무겁게 안겨왔다
무거운 역사를 벗어놓고 도망치려 할 때

낯선 비틀거림 다시 찾아오는 그런 두려움으로
삶이란 그렇고 그렇게 흐르는 것 아니더냐
누구든 자작나무숲 그늘 떠나던 말던 상관 없다면
자, 이젠 내가 너에 대한 집착을 버릴 차례다
지금은 무더운 여름 아니니 그늘 무섭게 그리워 할
염려도 가볍지 않으랴
내 마음 다 꺼버리고 떠나기엔 아직 남은
황혼 속 구름이 너무 붉다
건전한 책상 나란한 그 곳 전등도 꺼지고
회색 블라인드 내려진 적도 한참되었는데

감성적

새로 돋은 햇살에 섞여
황홀해지고 싶은 봄날이면
노오란 팬지꽃은, 활짝 핀 팬지꽃은
팬티를 벗어놓고 풋,
바람과 어울려 함께 다녔지
노오란 팬지꽃, 활짝 핀 팬지꽃 같은
이 화창한 봄날

충격적

이봐, 난 그날 내 고통의 뚜껑을 따보고
깜짝 놀랐네
미궁의 그 곳엔 내가 한번도 온전히 내 맘에
들어본적 없는 것들만 서로 뒤엉켜 있었네
가끔은 과거의 끝에 서서 미래를 바라보고 있을 때
고목들은 툭 하는 단 한번의 둔탁한 소리로
현재를 쓰러뜨렸네
그때마다 숲은 마지막 흔들림을 다했지만
현재적, 단지 현재적인 것은
단단한 땅과의 굳은 껴안음도
마지막 헤어짐이 된다는 것이었네

자, 이제 난 고통의 뚜껑따윈 따지 않겠네
꼭꼭 닫아놓고 모르는 척으로 꽝꽝 밟아버리면
길든 땅, 그곳엔들 무슨 기막히게 야릇한
선향의 꽃 피워낼지 누가 아나
앗, 누가 엿들으면 망가질지도 모를 현재적
내 확신

모순이 송송 돋아 있는 밤
저 환멸의 별, 별, 그 별들 모두 끌어내려
꽝꽝 밟아버린다면?

無氏論을 펴다

나는 어느날 無氏論을 발표했다
옥타비오 파스의 논리를 적용시켰다
한 동안은 스스로를 무시하는 無氏論으로 착각하여
화를 내기도 했고, 몇몇은 무씨의 의미를 재빨리
알아 차렸음인지 흥미로운 미소를 던지기도 했다
무씨는 자주자주 명상쪽으로 뛰어다니기도 했다
가끔 가끔 명령의 소리는 침묵의 벽에 부딪혀
공허하게 텅!텅!
그러나 감히 존재하려 들지도 않는
무씨에게 돌아간다고도 했다
무씨는 투명해서 황홀하고 매력적이라고도 했다
그 투명성은 자유로움을 곳곳에 세워둘 수 있어
편리하다고도 했다
둘만의 아름다운 속삭임에 끼어들기도 하고
끊임없이 누군가의 감정으로 이입되기도 하고
무관심을 더 쉽게 단추 끼워주기를 바란다고도 했다
어떻던 그 모두와는 상관이 없다고도 했다
모두가 더 많이 잃어버린 것을 찾아 채우지 못함 때

문에

무씨는 항상 존재할 수 밖에 없다고도 말했다

무씨는 참으로 훌륭한 모두의 동반자일 수도 있지만

때로는 고통을 끌고다니며 초라함을 뒤척이게 한다
고도 말했다

나는 옥타비오파스의 논리를 적용시켜 누군가를

무시화시키는 사람도 무씨가 된다고도 했다

무씨는 영원한 생략이며, 영원히 존재하지 않으므로

가장 위대한 존재의 지배자일 수 있다고도 말했다

상징적

더 낮게 무겁게 하늘이 내려온다

날쌘 소리를 일으키며 달아나는 비행기

하늘이 쌈박쌈빡 썰리고 또 썰려

시간과 공간, 있는 것과 없는 것

과거와 현재가 쌈빡쌈빡 썰리고

톱밥 톱밥이 떨어진다 어지럽게

어지럽게 떨어지며 휘날리는

　　눈 · 눈 · 눈

3

폭풍우 지나고

미친 순간을 두들기듯
벌판의 망초꽃들이 우루루 우루루
몸부림치며 울던 자리에
꼿꼿이 선 나무의 힘센 확신은
차고 단단한 죽음을 각오하고 있었다

그리하여 마침내 젖은 이파리에
반짝이며 찾아온 햇살의 종소리!
오, 눈부신 푸른 즙액의 평화
하늘나라의 신기한 장식 같은 기쁨들이
딸랑거리는 오늘 이 반가운 대낮

생의 한 저녁

말하지 않아도 되는 날은 말하지 않았다
그것이 편했다
그랬더니 사람들은 나를 죽은 사람으로 생각했다
그들의 생각이 그럴 수 있다에 머물렀을 때
난 그저 씩 웃으며 마음을 지웠다

어두운 대기 속으로 몸을 감추는
들꽃 길을 따라가며
내 존재의 자리는 어디인가란 생각보다
무관심에 관한 긴 휴식을 떠올렸다

가끔은 어둠의 가장 깊고 부드러운 안식에서
수 없이 그렸다 지웠던 욕망의 얄팍함에 기대었던
어둠의 과거를 생각했다

무엇인가 지상에서의 부질없는 것들은
누가 나를 죽은 사람으로 생각해도
내 부재의 자리를 가볍게 즐기는 오늘 저녁 생이여.

그래도 끝내 삶을 버려두지 않기에
마음 지운 자리 꼿꼿이 피어낸 망초꽃 한다발

결정적
— 실수에 관한 기록

속도와는 상관없이, 습관처럼
사람들은 나이 먹을수록 성급해진다고
내가 말을 건넸을 때
그는 짤막하게
"누가 속을 많이 태우셨나 보죠"
"흥 왜요, 아저씨"
그때도 초침은 평범하게 째깍였다
난 갑자기 해를 거슬러 나이를 세탁하고 싶었다
지워버리고 싶은 때처럼 깨끗하게
그러나 이미 떠난 것들 돌릴 수 없는
결정적 실수의 들판에서 끌어안은
무릎 사이에 머리를 박고 추적이던 밤,
내 어깨 흔들며 달래주던 복숭아 같은 소년도
희미한 안개 속에 가냘피 흔들렸던 풀잎 같은
어깨를 기억하고 있을까
몇 해였던가 '극복을 밥 먹듯이' 란 밑줄을
수없이 그어 갔던 삶
나는 온통 그 밑줄에 인생을 틀고 앉아

깜짝이며 지나가는 수 많은 까만 밤
고독의 뼈를 수없이 부러뜨렸다
아아, 그러나 내 이마의 두꺼운 어둠 걷힐 때
찬물에 세수하고 나오는 맑은 영혼의 노래
반짝이는 결정적 보석이여 난 널 사랑하는 재주 밖에 없으니
네 넋엔 고통지우고 싶지않은 진실 앞에서
아직도 결정적 실수를 거듭하는 바보같은,
바보같은 어린아이이지만

배낭 밖의 길

되돌아 와 있었다 갈 곳 많은 이 땅의 모든 여행들도,
마침내 하나의 마침표 위에서 길은 끊겼다

지상의 어느 곳으로 향해도 가 닿을 수 있는
모든 길
그 길은 언제나 출발의 의미를 앞질러
철든 땅의 평화를 안내해 주었다
그러나 더 많은 여행자들은
모든 길의 종점들이 각자의 베낭 속에 간직되어 있음을 알지 못했다
짧은 시간 미숙한 생각들은
길 들여진 땅의 침묵을 밟고 또 밟으며
끝 없이 가고 있음을 믿고 있을 뿐

언제일까, 이 땅의 모든 길의 여행을 접고 돌아와
베낭 속의 풍경과 짐들을 풀어 놓을 때
수천 갈래 지상의 길은 충분히 아름답고 자유롭게

울창한 숲과 새들의 아름다운 지저귐 자라나고 있음을 회상할 것이다

길 밖에서, 길 안에서
각자 생이 放流되어 흐르는 동안
마침내 지상의 모든 갈 길도 끊어지고
하나의 마침표 위로
달빛 푸른 깊고 깊은 협곡의 두려움도 벗어놓고
갈 수 있는 먼 먼
베낭 밖의 길

루소와 산보하다

19C 어느날, J. J 루소와 첫 번째 산보를 했다
일기예보에 상관없이 바람이 잘 저장된 듯한 깊숙한 곳으로

그는 조용함을 깨뜨리며
"자잘한 생명체를 가까이 하고 있음은 즐거운 일이야"라고 짧게 말을 끊었다

보이는 것은 황폐한 겨울의 깊은 그림자 뿐
"응 그렇지, 지금 어디에나 不在의 풀잎 같은 자잘한 생명은 있지, 자네 명상 속에 피어있는 저 이끼꽃 좀 보게"

고목의 가지들이 수 수 수 야트막히 흔들리는
언덕길을 그와 나는 침묵의 외투를 걸친 채
적막을 끌며 걸었다

"여보게 내가 〈에밀〉을 완성하기 위해 지금부터 명

상 속으로 침잠하는 과정을 겪어야 하네. 내 정신의 불꽃이 쇠잔해질 때 자네 그 신선한 충격 좀 빌려주게, 자네가 날 필요로 할 때 완성된 〈에밀〉을 돌려 주겠네. 자네 자손들에게 까지도"

"으응 자네 뜻은 알겠네만 나의 힘센 정신이 따라 줄 것 같질 않네"

나는 나의 중얼거림으로 쓸쓸함을 헹구려 했지만,
헹궈지지 않는 길, 그 길 위에 〈나의 죄 없음은 神만이 안다〉고 써 놓고 떠나간
오, 나의 친구 J. J 루소
너는 이미 너무 위대한 혼자가 되었네

쾌락적
— 물의 나라

우루루 달려오는 파도
주르르 쏟아지는 바람
우우우 노래하는 나의 힘

바다는 파도라 말하지 않으려 한다
바람은 소리라 말하지 않으려 한다
나는 나를 나의 힘이라 말하지 않으려 한다
말하지 않으려는 내밀함 속에
꽁꽁 갇힌 제 각기의 힘
힘의 중심부를 확 잡아당긴다
순간 떨어지는 거대한 지느러미
접혀지는 파도소리
우루루 쏟아지는 여자의 갈비뼈

잠시 조용해진 지상의 한 켠 물의 나라에서
열리고 닫혀지는 하루치의 쾌락
파도를 두드리며 즐겁고, 우우우 노래하며 즐겁다
스스로의 힘이 완전히 접혀
먼 먼 공중으로 날아 갈 최후의 그 날 3분 전까지

우울한 날

온통 흐린 것만이 가득하다
나뭇가지에 걸려 펄럭이는 비닐도 없고
재잘거리던 아이들의 인사도 없고
적요만 가득하여 적요를 사랑할 수 밖에 없는 지금
새로운 쓸쓸함이 시작되는 곳
나는 미루나무 얕은 그늘에 멈추어 서서
흘러들어오는 누구에게나 안녕 인사를 보낸다
싱그러운 바람에 훅 날려보내 버리고 싶은
흐린 날의 오후 한 때

태풍 매미, 알몸의 힘

저기 보아라 바람의 저 알몸의 힘을
빛나지 않고, 빛나지 않아도 목쉰 소리로
폭우와 함께 빠르게 흘러, 무섭게 흘러
집도 버리고, 나무도 버리고, 길도 버리고
세상의 잠든 모든 안녕과 질서도 버리고 이곳도 버린다.

보아라, 저 황토 물바다의 날카로운 이빨을,
독수리 발톱 아래 가축들은 부들부들 떨고
흐린 강물이 키운 눈물과 한숨, 마지막
살아 남은 자들의 슬픔,
갈 곳 없는 사람들은 무참히 넘어져 찢어진
나무들의 가지 끝에 납덩이처럼 무겁게 웅크리고 있다

저기 보아라, 하늘과 땅 사이 출렁거렸던
홍몽의 시간, 풍경은 기우뚱 기울고
언제 다시 평화가 올 것인가를 필사적으로

퍼올리는 동안 매미는 가볍게 날개를 접고
日暮를 끌고 서산을 넘어갔다

풍경의 배후

들판을 향해
나는 부동자세로 서 있었다
햇살 푸른 들판을 질러
열차가 지나가고
아이들이 바람의 파도를 타고
열차쪽으로 달려가고 있다
나는 부동자세였고
열차 속 사람들의 시선은 풋풋한 외지의
풍경에 이르렀지만
이내 버리는 것에도 익숙한 듯
버려진 들판, 풀잎의 순결
모든 생이 재촉하며 지나가듯
완성하지 못한 미래의 축복은 어디로 흘러갈까
쓸쓸한 뒷모습만 풍경의 배후로 남을 뿐
잘 가. 잘 있어.
인사도 못하고 떠나는 저 싱싱한 햇살

일모에

생의 골짜기마다 발이 귄 自作木

봄 3월 가벼이 나부낄 빈터도 없어

일모에 발길 돌려

다이얼을 돌려도

"국번이 없거나 사용하지 않는 번호이오니 파도 끝으로 물러나 계십시오"

—— 짤깍

생명

8월 炎天의 불길 당겨서

한 밤에 찾아온 삶의 적막에

뜨겁게 뜨겁게 불 지피면

화르르 화르르 적막이 탄다

4

몽상적

무덤 옆에 어슬렁거리는 저 달빛
나는 그 투명성을 경계하느라 고통스러웠다
그 고통조차 꽝꽝 믿기 시작할 때
달빛은 질 나쁜 내 두려움 거둬가는
오 살아계시는 내 어머니

당신의 푸른 눈빛으로
따라오며 따라오며
날 지켜 주셨다

달빛 옆에 무덤이
어슬렁거리는
까만 밤

오래된 자의 마지막 기록

근교에 갔습니다 누가 물으면 그냥 근교라고만 대답했습니다 근교에는 바람들이 참 잘도 쌩쌩 달음박질쳤습니다 그의 눈높이 만큼의 나무에 달린 꽃송이들은 히히덕거리며 장난질을 쳤습니다 그가 히죽히죽 웃어주자 심심했던 근교는 그를 붙들고 놓아주질 않았습니다 그는 근교에 매달려 쓸쓸한 세월의 푸대 안에 나이를 채워 갔습니다 누구의 젊음 하나도 그의 옆에 앉아 나직하게 한 분 사람이라 불러주지 않았습니다 그의 감각은 희미하게 사람들을 혐오했지만 낡은 기억의 장치는 그 말을 꺼내주지 못했습니다 허물어진 쪽으로부터 그런 느낌만이 끊임없이 흘러 나왔습니다 오래된 자의 마지막 기록엔 "낡은 화덕에서 끌어올리다 깨져버린 시뻘건 불구멍, 그 불구멍을 뒤집어 쓴 놀란 발등"이 놓여 있었습니다 그것이 그에게 가장 중대한 사건의 하나였는지 누구도 물어보지 않았습니다 근교에는 누가 쏟아부었는지도 모를 바람이 한꺼번에 달려들어 근교를 너무 멀리 떠내려 보냈습니다 두려움에 가득 찬 그의 눈높이에서 한 마리 새가 끼룩끼룩 녹슨 소리를 떨구었습니다 누구에게나 소중한 생, 한 순간의 기록은 참으로 위대할 만큼 엄청나게 그의 삶을 겁주었습니다 오래된 자의 마지막 기록이 나의 어느 기록과 일치됨을 알았을 때 그의 친숙한 얼굴이 떠올랐습니다 멀리 떠내려 간 근교, 혼자 남은 벤치에 쓸쓸함이 앉아 있었습니다 누가 물으면 그냥 근교, 근교라고만 대답하는

완전하지 못한 노래

뭉게구름 어이없이 짧게 지난
여름 끝에
벌써 와 발에 닿는 낙엽의
寒氣 소리
스스스 스스스
쓸쓸하지 않게, 멀고도 가깝게
강물은 흘러, 맨발로 흘러
이 생의 뜨거운 몫 언제 다시 돌아와
호호호 후후후 웃음꽃 날려볼까

간결하게, 높게 뜬 몇 개의 별
하늘과 땅 사이가 출렁거려도
그립고 따뜻한 지상의 노래는

거대한 겨울의
중심부를 질러 갈 것이다

白夜

나뭇가지에 걸린 둥근 빛은 겸손했습니다 더 낮은 모두에게 바르고 환한 길을 열어주었습니다 스스로는 깊숙하고 무거운 그림자를 껴입어 언제나 발 시린 맨발이었습니다 찬 공기의 발길 닿으면 미처 흐르지 못한 얼음조각들이 달가닥 달가닥 보편의 겨울로 들이닥쳤습니다 둥근 빛은 우리의 가장 따뜻한 만형인 듯 모두는 이마를 낮게 들어 높이 올려다 보았습니다 거기 시간의 준비 속엔 신성한 이파리를 무수히 길어올릴 봄이 가득 차 있었습니다

현상적
— 벗어나기

나는 오늘 푸른 색깔의 연필로 들판을 그린다
백지 위에 온통 푸름을 뭉기며
1999년 5월의 들판에서 9월의 바다까지
펄펄 뛰는 생선의 아가미가 선명한 그 곳으로 내가
가서
시퍼렇게 날선 칼 휘두르는, 다만 아무렇지도 않게
직업적으로 껍질을 벗기고, 겹겹으로 살점을 채친후
깔깔한 수의를 입히는 날렵한 손을 본다
한 죽음이 입을 벌린 곳에서 삶의 기쁨이 견고할 수
없음을
발길질하며 발길질하며
내가 그린 들판의 방죽을 사무치게 헤매었다
손을 뻗어 5월의 들판에서 9월의 바다까지
두텁게 부풀었던 한 때의 권태도 부스러뜨리고
이제 나는 영혼의 한 페이지 속에 소중히 끼워둔
사랑의 연필로 편지를 쓴다
삶에 지친 다정한 친구에게
아직 재촉해야 할 희망의 말 남아 있기에

품에 안기다

고향 가는 길은 많이도 변했다
허허로움 이겨낸 산야의 햇살
잠시 발 멈추어 미풍을 만나다

가볍게 즐겁게 손을 흔들며
반겨주는 푸른 풀밭
스스로를 지켜가는 하늘의 法, 구름과 태양의 法
습관처럼 발길 옮겨
"오 여기가"라고 누구도 묻지 않는다

적요만 가득한 텅빈 아궁이
불지펴 안식하는 나의 面前에
어둠은 깊고 부드럽게
지친 삶의 솔기 접게 한다

낯선 묘비 끌어안지 못한 뒷산의 새들은
키 큰 포플러에 날개를 접고
地上에서의 하루를 쉬어갈 것이다

하나의 관찰일기

세상이 조용한 탄성에 휩싸였다 그 후로도
어디서든 음모는 성행했다
어느 한 시대엔 눈만 퍼부었고, 모두가 눈만이
그 시대의 전부라고 말하진 않았다
모두가 오, 눈! 눈!이라 감탄하였기에
모두는 전부 속에 포함되어 있었다
그러나 명료한 자, 눈 속의 음모를 날카롭게 톱질했다
지분거림 뒤의 야망 용기 녹슨 염통과 쓸개를
꼬집으며 분노를 터뜨렸다
군중들은 일어나 박수를 쳤다
그는 또 정의에 취한 듯 이렇게 외쳤다
세월은 망설임도 망가짐도 없다 어제도 오늘도
오랜 세월이 흐른 후에도 진눈깨비는 흩날릴 것이다
오, 진눈깨비! 진눈깨비! 말하지 않아도
모두는 진눈깨비 속에 포함될 것이다
지분거림 아래 정중한 진실이 밟혀가는 길
그 길을…… 입을 봉하고 선량 모두여 관찰하시라

군중들은 쓸쓸히 박수를 쳤다 아우성을 향해
유유히 걸어가는 그의 모습은 명백하고 당당했다
그 뒤부터 사람들의 귀는 더욱 열렬히 열려지기 시작했다
세상을 재는 가치가 달라져 갔다
차츰 사람들은 그를 용기 있는 일꾼이라 불렀다
관찰자들은 그가 훗날 어떤 희망을 거느리고 돌아올까를
조용히 바라보았다

엄마 생각

미더웁게 어깨 기댄 언덕이었습니다

어디계십니까
어디계십니까

그해 여름 한나절이 반쯤 시든 때, 어디서
풀려나온 아이들이 몰려와 이곳 저곳 푸성귀밭
진창으로 밟았지만 주고 받는 눈길 없이 내려
다만 보셨지요

"애야 누가 이 비탈길 삽 들고 돌아와 벌떼처럼 쏘다니는 잡풀들을 뽑겠느냐"

묻지 않은 물음을 말 없이 던지시곤 허공에
나지막히 허리를 박으셨죠
주섬주섬 주우시는 세월 안으로 아직 퍼담아야 할
삶이 곳곳에 남아 있어 단념치 못함과
함께 있다 하셨지요

저녁 공기 조용히 휘청입니다

어디계십니까
어디계십니까

귀환길도 어둠으로 지워지려 합니다

生의 공장에서의 어느 날

친구여, 나는 때때로 가장 친숙했던 나를 버리고 싶을 때, 서랍 안에 조용히 접어 놓았던 과거를 꺼내 늙은 먼지 속으로 던져버렸다 조금 잘 걸을 수 있었던 한때의 청춘은 든든했지만 긴 날 자주 자주 깨어진 적막의 틈으로 물어뜯긴 희망은 깃털 껴입지 못한 새 한 마리의 겨울처럼 고통에 시달렸다

나는 수 많은 작가들의 소설에서 고통으로 치러내는 죽음을 엿보았고, 시체가 뿜어낸 거룩한 향기에 몰두한 체험담도 보았었다 그러나 깃털 없는 새 한 마리가 혹독한 겨울을 어떻게 유배해 왔는가를 경이롭게도 어느 무명작가의 작품에서 발견했을 때, 작가의 내부 깊숙이 숨은 의식을 숭배할 것을 믿음으로 삼았다

삶의 지침에 눈부셨던 날들과 진눈깨비 흩날렸던 어두운 문풍지여, 세월의 짓궂은 장난이라도 황혼을 거느린 한자락 안식에는 얼쩡이지 말라 어제는 찬비 뿌려 봄 속 겨울이 왔노라고 두꺼운 쉐타 뒤집어쓰고 거

리를 헤매보았지만 어느 시대 사람들의 시선에도 선택되지 않음을 충분히 눈치챘다

그렇다 친구여, 이제 관심 밖의 털실로 짜낸 낡은 천이나 세워 놓을 것이냐, 돌아보니 욕망이란 생선토막의 편린처럼 잠깐잠깐 일어섰다 튕겨져나간 공명에 불과했다 당장에라도 生의 공장 문 닫으면 그 뿐, 그러나 위대한 세월이여, 푸른 밤을 지키는 빛나는 별의 모든 뒤안길은 어둠인 것을, 어둠을 지키는 희망인 것을

아버지의 숲

늙으신 아버지 아이를 키우신다 키 큰 딸과 키 작은 아버지 속삭인다 하얗게 일어나는 눈길 위에서, 아이의 멀고 먼 갈 길을 꺼내놓고 늙으신 아버지, 황망히 흘러간 세월 무늬 그리신다. 방금 달려온 평범치 않은 취업 뉴스 한 컷을 찢어 아이의 외투 주머니 깊숙이 찔러주면서, 그럴만큼의 세월을 제하면 생애 대부분 참 많은 시작과 각오의 무성한 이파리로 울창한 숲을 이루었다던 늙으신 아버지의 말씀 속으로 다 들어가지 못한 아이는 언제나 똑 같은 모습으로 상냥하게 웃었지만, 추억처럼 쓸쓸히 아버지의 숲 밖에서만 자주 자주 사랑을 떨구었다 그러나 아이는 끝내 아버지의 크고 환한 눈부신 포장지를 끊어내지 않았다 간혹 간혹 몰려오는 눈바람에도 힘 없이 구부러진 희끗희끗한 연륜의 산맥들, 이제 툭 치면 마른 산맥에 꽂혀 있던 나무들의 성긴 잎도, 성벽의 푸석돌도 좌르르 무너질 것 같은 예감 아래 텅텅 치면 텅텅하며 울릴 공명만 기다릴 뿐, 오, 늙으신 아버지 아직도 아직도 아이를 키우신다 누구에게나 지난 날은 울창한 숲, 새들의 아름다운 지저귐 자라날 수 있기에 키 큰 아이는 키 작은 아버지의 여윈 어깨, 종잇장 같은 그늘을 미더웁게 바라본다

해남 가면서

해남으로 떠나기 전 내 살았던 옛집엘 갔다 낡은 창틀 안쪽엔 외롭게 여윈 가계부 하나가 백년의 잠 같이 웅크리고 있었다 몇 잎 남은 돈으로 인생을 잰 지난 날이 숨은 듯 새까만 펜의 촉수 하나가 내 시선을 끌어들인 곳엔 바다생선 5백원, 채소 1묶음 2백원, 조미료 3백원…… 비고난엔 손에 남은 쓸쓸한 동전 몇 잎과의 계산이 딱 맞아 떨어진 것은 지극히 당연한 일이라고만 적혀 있었다 쌀쌀한 겨울, 세 개의 작은 방, 무엇으로 따뜻함을 예약할 것인가란 앞날의 염려가 후두둑 떨어졌다

"모든 추억은 다른 땅에다 옮겨 심어야지"
나의 각오는 새로움으로 길을 함께 나섰다
해남 땅 끝에 모여 든 사람들, 철렁 바다가
내 앞에 뛰어들면서 나의 각오는 파도처럼 부숴졌다
싱싱한 바다생선 5만원, 보리밥과 적절한 양념과 야채, 된장국까지
잘 어우러진 식단을 선택해서 먹는 것을 즐겼다

자, 이제 난 무엇을 옮겨심기 위해
투명한 여행길에 발을 잠글까
위태롭지 않을, 흥미로운 기록의
더 오랜 가치를 찾아서?

햇빛의 나라

텃밭에 온순하게 감추어진 씨방
사나흘 부끄러워 몸을 숨겨도
산새가 끼루룩 첫 울음을 울기 전에
견고함의 겨를도 서성대지 못하고
서둘러 서둘러 출산을 준비한다

파란 싹의 속살이
뺨 부비며 무성히도 돋아나
유리의 하늘, 나직하고 열렬하게
손 흔들며 정박할 때

푸릇푸릇 선행처럼
오, 무한한 오늘의 양식,

안녕의 길은 뜨겁게 타오르는 햇빛의 나라,
葉脈으로부터 출발한다

나무의 가장 높은 가지 하나가

가볍게 흥겹게 소리낸다
우와와 우와와 몸 푼다

편지 3

오늘은 참으로 훌륭한 쾌청, 이런 쾌청의 날을 두고
툭툭 넘어져 간 주변 사람들의 얘기로는
대개 스트레스씨 때문이라더군요 그러고 보니
친구도 스트레스씨를 경계할 때가 되었죠
하지만 스트레스씨쯤은 확실하게 해방시켜
버리셔요 좀 더 확실하게 자유를 누리게 해준다면
감히 친구에게 찾아와 데모를 하거나
최루탄을 터뜨리는 일은 없을 테니까요
스트레스씨도 맹꽁성, 독재성에게만 침범하느라
"바쁘다 바빠" 연호하며 동분서주할 테지요
문제는 자유의 값을 능숙하게 껴입지 못하는
사람들이 스트레스씨를 깍듯이 영접하는데 있죠

오늘은 참으로 즐거운 쾌청, 상한 구름
한 점 보이지 않는 것이 너무 섭섭해 호호
웃음이라도 날려 보내야겠습니다
우리 언제나 쾌청의 가을날을 선물받기 위해
내일 난 〈스트레스씨에게 완전한 자유를〉이라 쓴

피킷을 들고 몸 밖으로 나가 플라타너스
그늘에 서 있겠습니다 싸인을 받기 위해 안녕의
차들, 질주를 가끔가끔 멈추게 하며

편지 2

출근길 빨간 나뭇잎 다섯 잎 주워서 가을을 하나씩 나누어 주었습니다 다 자라 조금 미운 천사들에게 남겨 놓은 제일 고운 것 하나는 자, 친구에게 윗 포켓에다 꽂아보셔요 군데군데 흩어져 있는 구름도 보이죠 내 마음 섭섭하면 비되어 버릴까요 그러나 난 아직 명백한 천사 아픔조차 대낮같이 감출 곳 없는,

한 잔 드셔요 천사나라에서의 모닝커피
구름설탕 1 티스푼, 노을커피 1과 $\frac{1}{2}$, 안개프림 2 티스푼
아주 멋진 커피향이 온몸을 타고 흐르며 즐거워해요
오늘 하루 신비한 기쁨 퐁퐁 솟아나길 바라지만
어쩐지 좀 미워진 친구 그러나 안녕

편지 1

친구의 웃음소리가 차암 오래 제 곁을 맴돌았습니다 아직도 또락히, 앞으로도 계속 사라지지 않을 것이라는 생각이 명상의 꼬리를 물고 깊고 푸른 하늘 속으로 올라갔습니다 푸주간의 고기덩이처럼 걸린 구름 속으로도 올라가 폭발하는 웃음소리에 신선한 등심 부위 몇 근이 뭉텅 잘라져 내게 던져졌습니다 오늘 저녁 식탁은 참으로 풍성했습니다 친구의 웃음소리가 보내준 구름고기는 아주 연하고 맛 있었으니까요 멀지 않은 날에 저도 구름고기 몇 근 보내드리겠습니다 아주 다정하고 정갈한 것에다 콕콕 제 웃음소리를 양념으로 섞어서

콩알 하나의 길

작은 뜰에 콩알 하나 심었습니다
콩알의 잎은 땅의 율법으로 자라 하늘의 벗은
유리의 몸을 덮고
내 집 해바라기 태양은 점점 작아졌습니다 끝내
보이지 않은 지붕의 처마
다행히 계절의 끝이라 말한 사람들, 그 말의 끝에서야
파란 하늘 한 다발이 내게 주어졌습니다
사람들은 계절의 끝에게 감사하라 했지만
돌아봐도 계절의 끝은 영원히 찾을 수가 없었습니다
겨울봄여름가을겨울봄여름가을겨울봄여름…

콩알 하나가 더 많은 넓은 세상의 길을 내게 가르쳐 주었습니다
내 작은 뜰은 여름내 콩잎사귀들의 고독 꿈 사랑밭이었다가
아, 얼만큼 지나서야 콩알 수만큼의 새파란
하늘을 내게 주었습니다

콩알 하나 콩알 둘 콩알 셋에 가득 찬
아침과 아침 사이
내 생의 길의 면전엔 콩잎사귀들의 발자국들이 가득
굴러 다녔습니다

깨끗한 작은 뜰엔 콩의 이마가 수줍게 빛나
더 이상 훔쳐 볼 열매가 없었습니다

빈 그림자 끌고

비가 왔습니다

빈 그림자 가득 끌며 옛날, 그 옛날의 다리 아래를
걷고 또 걸었습니다
어디엔가 빠뜨려 서운해 했던, 돌무덤 사이에 끼인
도덕 하나를 주웠습니다
흠집투성이인 것을 닦고 또 닦으려 할 때
취기인 듯 날 발길질하며 발길질하며
달아났습니다

비가 그쳤습니다
영영 돌아오지 않는
아버지 아버지

모습 2

짙은 밤 수성못 外氣에 부시다
건너편 변화가 각양의 색등
홀로 깨어 물 위에 길게 팔 내뻗는다

천천히 아름드리 사계의 향기 거두어 안은 곳
구름 한 조각도 유영에 익숙하다

어둠의 밑바닥에서 저편의 어둠으로
하루는 낮은 쪽으로 굴러내린다

습지가 키운 수목, 여름에 버린 뙤약볕도
공간에 부려놓고
또 하나의 풍경 잊으며 간다

모습 1

그대 뒷모습에 세월은 어디?
화창한 하늘가 구름 기대듯
휘감아도는 세월 어디에다 털었을까
천년의 시간 돌고 또 돌아
삶의 꽃밭에 심어 놓은 無所有
긴 겨울 지나온 한 마리 새
그대
존재의 절정 아래로
그림자 흘러간다

| 시인의 산문 |

만남, 그 소중한 인연, 그리고 시

1

"선생님 건강하시죠? 해남 땅끝마을을 보았어요. 끝이라는데 제 눈엔 다시 시작으로 보였습니다. 완전한 끝은 없었죠. 세상은 너무 넓고 깊어서 끝이라느니, 시작이라느니 인간이 붙인 말들은 먼지에 불과할 뿐이라는 느낌이 들었습니다. 선생님에게 이 벅찬 감동을 그대로 전하고 싶어요. 선생님에게 보여드리고 싶어요."

어느 해 8월 전남 순천으로 여행을 떠났던 작가 지망생 순이가 보내온 소식이다. 어느 해 여름 내가 가족과 함께 다녀왔던 여행길 땅끝을 순이가 가서 내 영혼의 숨결이라도 느낀 듯 의미 있고, 깊은 말들을 담아 엽서로 보내왔다.

나는 새삼 그날의 감회에 젖게 되었고, 답장을 못한 채 몇 개월이 지난 어느 날, 순이의 넉넉함을 꺼내보고 싶어 책상서랍을 뒤졌다. 다시 꺼내 읽어도 여전히 정답고 새록새록 순이의 마음이 묻어 있어 한결 정겨웠다.

화가와 결혼하여 아들 둘을 두고도 세속에 자신을 파묻지 못하고, 더 큰 영혼의 자람을 향해 스스로를 불태우고 있는 순이. 나는 그 날의 엽서를 보면서 작가 지망생다운 관찰력과 표현으로 땅끝의 출렁거림을 먼 곳까지 선물해 준 것이 더 없이 고맙고 반가웠다. 땅끝의 푸른 바다, 그리고 싱그러운 바람, 특이하게 눌러앉은 바위얼굴과 땅끝 한자락을 휘덮어 그늘을 드리운 고목의 싱싱한 이파리들이 내 가슴을 헤집고 파도처럼 차올랐다. 우리들 삶의 풍요로움이 때때로 무엇인가의 차오름으로 시작되듯이 순이와의 만남 또한 내 삶에 얼마나 커다란 소중함으로 차오르고 있었던가.

대학 시절 박꽃같은 소박한 모습으로 내 앞에 다가섰던 순이. 졸업 후 오랫동안 안부를 묻어놓고 지내왔던 터이지만 이젠 세월의 강조차 훌쩍 뛰어 넘어서 그가 느낀 진한 감동들이 내게 전해지고 있으니 새삼 인연의 소중함을 깨닫게 된다. 그러고 보니 내 곁을 거쳐간 숙, 행, 란, 순…들은 사회에 나가서도 세상을 재는 눈을 사뭇 다르게 키워왔던 탓인지, 다른 어떤 이들보다 스스로를 차곡차곡 알차게 채워가며 살고 있다.

그들은 치열한 경쟁 속에서도 기자, 시인, 약사, 교직 등등의 다양한 직업을 선택하여 당당하고 확고하게 자리를 지켜가고 있다.

이제와서 숱한 난관에 부닥쳤던 삶의 순간들이 더 생각나게 되는 것은 내 기억의 갈피 속에 가장 강렬한 영상으로 그들 모두가 남아 있기 때문이다.

때로는 보석과 같은 빛남으로, 때로는 한 줄기 은은하고 청초한 난 같은 모습으로, 때로는 눈보라와 같은 황량함으로 제 각각 희미하게, 아니면 또락히. 어쨌던 그들 모두는 나와 함께 세월을 보냈고, 나이를 먹었고, 철이 들게 되었으니 그 자연스러움에 인생을 알고, 인생의 값을 찾을 때가 된 것 같아 이런저런 생각을 하게 된다.

"한 순간 끝은 있어도 끝은 보이지 않아 끝이 시작으로 보인다."는 순이의 말처럼 시작과 끝의 반복이 잘 이행되고 있는 한 모든 그리운 얼굴들은 건재하리라. 또 그렇게 되기를 간절히 바라며 순이에게 화답의 시「해남 가면서」를 띄웠다.

해남으로 떠나기 전 내 살았던 옛집엘 갔다 낡은 창틀 안쪽엔 외롭게 여윈 가계부 하나가 백년의 잠 같이 웅크리고 있었다 몇 잎 남은 돈으로 인생을 잰 지난날이 숨은 듯 새까만 펜의 촉수 하나가 내 시선을 끌어들인 곳엔 바다생선 5백원, 채소 1묶음 2백원, 조미료 3백원…… 비고난엔 손에 남은 쓸쓸한 동전 몇 잎과의 계산이 딱 맞아 떨어진 것은 지극히 당연한 일이라고만 적혀 있었다 쌀쌀한 겨울, 세 개의 작은 방, 무엇으로 따뜻함을 예약할 것인가란 앞날의 염려가 후두둑 떨어졌다(……)

순이에게 보낸 이 화답의 시에 내가 애착을 가지는 까닭은 내 삶의 과거, 현재, 미래의 긍정적 지향점이 담겨 있기 때문이다.

2

人生이란 누구에게나 있어 사랑, 그리움, 미움, 그리고 슬픔과 고통의 상처를 거느리며 세월에 밀려간다. 하지만 그 상처를 어떻게 승화시켜 자신의 내적 성장으로 상승시켜 가느냐는 각기 개성과 노력에 따라 다양하게 표출된다. 춤, 음악, 미술, 연극, 작가의 작품으로 나타나듯.

나의 경우 그것을 치유하는 방법으로 부활을 향한 언어의 꽃피우기에 어울려 왔다. 그것은 언어 본래의 의미에다 심도와 신선함, 의미의 다양함으로 그 영역을 확대해 가면서 질서가 잡혀 있어야 한다는 의무를 지닌다. 또한 그것은 홀로 이룩해야 할 독립적인 것으로 언제나 완전을 향해 갈 뿐, 완전에 가 닿지 못하는 것이기에 아쉬움과 공허가 남는다. 공허는 항상 나와 함께 나의 시와 함께 공존한다. 때로는 공허를 채워가기 위해 각고해야 한다는 것에 희망과 욕구와 좌절을 맛본다. 어느날엔가 문득 공허함이 다 채워져 더 채울 것이 없다고 믿게 된다면 언어의 꽃피우기 또한 한계에 부닥치게 될 것이다. 그만큼 생명 있는 시의 창조는 중요하다.

시인이 시의 영원성을 포기하고, 상업성과 결탁하여 한때의 명성만 누릴 것을 생각한다면 시를 쓰기 위해 바쳐온 노력은 얼마나 허망한, 의미없는 소모가 되겠는가. 시인이면 누구나 마찬가지이듯 나 역시 자주 언어와 영감의 빈혈에 시달린다. 그것에의 탈피를 위해 내부로부터의 변화를 즐긴다. 아니 스스로 변화를 일으키려한다. 그것은 자신의 한계를 뛰어넘으려는 도전이다. 밝은 곳, 건강한 곳, 신선한 곳으로 이끌어 가려는 집요함이다. 그것이 승화란 이름을 달고, 별, 달, 구름, 그것과 유사한 이미지인 햇살등의 수식어로 표출된다.

3

내게 주어진 어두운 상황을 영혼의 자유로운 비상을 통하여 밝음쪽으로 승화시켜가는 것이 내 시에 있어서의 또 하나의 질서인 것이다. 지상적인 어둠을 밝음의 천상으로 상승시켜가는 작업이 계속되는 동안 삶의 고달픔은 새로운 희망으로 일어서려는 의지가 된다. 어둠의 육체 안에 갇혀 있던 영혼은 자주 비상이란 자유로움을 즐긴다. 그것이 내 삶의 구원이요, 양식이요, 영양소이다.

내 시의 근간은 그런 것에의 증명이다. 언어를 통해 죽어 있었던 사물을 재생시킴이 시인의 몫이라면, 어두운 현실, 그 삶을 밝음쪽으로 지향해 가는 동안 나는 어둠이란 현실을 죽인다. 죽임으로써 죽음 위에 새로운 생명을 가진 영혼의 집을 짓게 된다.

存在와 不在와의 끊임없는 대화, 나 아닌 타인에게까지 대화의 길을 열어주기 위해 부활을 향한 언어의 꽃피우기는 계속되어야 할 것 같다.

조 행 자

대구에서 태어나
대구가톨릭대학교 국어국문학과를 졸업하였다.
1979년 『현대시학』으로 등단한 뒤
시집 『영혼의 집 별의 집』,『이상한 날의 기억』을 출간하였고,
『대구문학상』을 수상하다.

지금은 3시

초판 인쇄 / 2007년 5월 1일
초판 발행 / 2007년 5월 5일

지은이 / 조행자
펴낸이 / 박 진 환

펴낸 곳 / 만인사
등록번호 / 1996년 4월 20일 제03-01-306호
주소 / 대구광역시 중구 대봉2동 743-7번지
전화 / (053)422-0550
팩시밀리 / (053)426-9543
E-mail:maninsa@hanmail.net

ISBN 978-89-88915-74- 5

값 6,000원